COLLECTION OF POEMS

또 하나의 질문

정승준

| 시인의 말 |

힘든 하루를 보냈습니다.
이런 날이면
생각나는 한 사람이 있습니다.
아무런 이유나 사정 같은 것도 묻지 않고
마냥 손잡아 주셨던 그 순간이 그립습니다.
그분처럼
함께 있어 주고
조금 힘이 되고 싶었습니다.

2020년 봄
정승준

차례

시인의 말 _03

차례 _04

하늘을 닮았다 _09
만남은 _11
어머니의 자존심 _12
시공 차이 _13
말하고 있었다 _14
여섯 살 _15
더 _16
묵은 숙제 _17
도시와 가장 _18
여행 전날 _20
아무것도 하지 않았다 _21
새벽 네 시 _23
15시 30분 _24
용두암 _25
아내의 빈자리 _26
덤 _27
아내 닮은 아들 _28
정답 _29
용기 _30
봄꽃 _31

똑바로 _32

변명 _33

문전박대 _34

예쁜 감사 _35

행복 _36

봄 마중 _37

변신 _38

맑은 웃음 _39

간격 _40

미스터 트롯 _42

死矣 _44

죽음 앞에서 _45

마루 밑 피난처 _47

봄 _48

그해 원당리에는 _49

장인어른 _50

상처 _51

가을비 내리는 오후 _52

시골의 맛 _53

가을 저녁 _54

過한 病 _55

행복을 보면 좋겠습니다 _56

팔순 고모 _57

겐찬타 _59

가을 母情 _60

눈물 _61

독감 _62

수험생 _64

5월 8일 _65

서로 닮았다 _66

자랑 _67

이 맛이다 _68

여름 공부 _69

기억하기 _70

다짐 _72

노회찬 의원을 생각하며 _73

아직도 보내지 못했는데 _75

한 잔 _76

처남 _77

늦가을 황령산에서 _78

오륜대에서 _79

가조도에서 _80

설악 공룡 _82

가을날의 추억 _83

시간과 기억 _84

가을 변명 _85

엄마를 부탁해 _86

편지 _87

석양은 또 하루를 시작한다 _88

장미의 격려 _90

후회 _91

이천 원어치 봄 향기 _92

추모공원에서 _93

그날 새벽 _95

慕情 _96

가을 바다 _97

원하지 않은 결투 _98

닮은 꼴 찾기 _99

홍수 _100

후회하지 않기 _101

언젠가는 _103

내로남불 _104

Latte Is Horse _105

첫 금요일 _106

춘곤증 _108

주말 _109

여유 한 잔 _110

Y2K _111

한 뼘의 여유 _112

내려놓기 _114

찬란한 계절 _115

말이라도 _116

半百裸心 _117

애월(涯月) _119

나는 아니지요? _120

에필로그

꿈 그리고 … _122

흘러가는 시간의 기록에 대하여 - 정다영 _126

이어지기를 그리고 달콤하기를 - 정수영 _130

영원한 어린 왕자 - 김영희 _135

하늘을 닮았다

40여 년 전
신작로 끝에서 만난 수학여행 길에서
단풍 물든 가을하늘보다 더 진해서 파란
시렸던 눈동자로
첫 만남이 기억납니다.

2박 3일
눈꺼풀을 연신 치세워야 했던 짧고도 거친 여행 내내
아홉 봉우리 구봉산보다 더 길고 커다란
끝없이 넓고도 알 수 없었던 깊이의 푸르름이
그것은 가슴 속살이었습니다.

하룻밤을 지낸 오후
그림책에서만 보았던 여객선에서
열다섯 먹은 소년은 하루보다 길었던 한 시간 동안
안 먹은 진액까지도 다 확인하면서
그녀의 이야기에는 쉼이 없었습니다.

여행 끝 날에
하늘과 맞닿은 아늑한 그곳

처음 본 갈매기인지 양털 구름인지 포근한 하얀색에는
첫사랑 소년의 고백 앞둔 괘종시계인 듯
그의 곁에 오랫동안 있고픈 마음이었지요.

2층 양옥집이 밟힐 것만 같은 걸리버처럼
진한 커피 향 가득한 마린파크 33층 통유리 앞에서
소년에 소년이 아들에 아들이 지나갈 광안대교를 품고 있는
구봉산 기슭에서 만났던 그 하늘인 양
그녀의 넓은 가슴이었습니다.

만남은

그리움이다
투박하게 구워낸 어머니의 자반고등어처럼
만남은 또 하나의 추억으로
갓 지은 흰 쌀밥이다

신선함이다
쟁기질하시던 아버지의 오래된 갈증처럼
만남은 또 하나의 시작으로
동치미 뽀얀 국물이다

풍성함이다
한여름 태양 아래 숨죽이며 기다린 늦둥이처럼
만남은 또 하나의 세상으로
아이들의 투명한 웃음이다

정직함이다
팔이 부러져도 멈추지 않는 아들의 자전거 타기처럼
만남은 또 하나의 질문으로
꾹꾹 눌러쓴 하얀 일기장이다

복이다.

어머니의 자존심

어머니는 요강을 먼저 보냈다
잘 사용하지도 않았던 동그란 축구공 같은
고려청자 같은 도자기 대신에
양철로 뚜껑도 있어 가벼워서 좋으시다고

어머니는 먼저 이사 가자고 하셨다
골목길 안집 아래층 계단 방 전셋집에서
닭장 같다던 미분양 아파트이지만
동년배 주인댁을 더는 안 봐서 좋으시다고

시공 차이

지나는 길에 들렀다.
사각 대리석 벽면에는
8년이라고는 믿기지 않은
나를 닮은 정지된 사진
그리고 깨알 같은 이름들이
금방이라도
뛰쳐나올 것만 같은데
닫힌 앨범처럼 아귀 맞은 대리석은
파도처럼 밀려왔다가 쓸려가듯
얼굴 하나 생각 하나에
선잠에서 마주친 눈과 눈 사이에는
그리움 너머 미안함에
철 지난 여름 하늘만 뜨거운데
삼십여 분 남짓이다.

말하고 있었다

오늘 새벽
단잠에서 갑자기 깨
도시의 소리를 듣는다.

내려다본 아파트 창문 너머
가로등 불빛에 이름 모를 가로수 가지
오래된 가게 옆에 단장하고 있는 낯선 점방
더위를 식히는 새벽 창틈의 잔바람
빨랫줄 같이 늘어진 전선과 전신주의 혼잡까지

보고 있다.
기다리다 지친 듯
말하고 있었다.
듣고 싶은 것만 들리도록
하나에만 고정된
채널 너머로

여섯 살

많이 의젓해졌다.
키도 한 뼘이나 자랐다.
이야기도 조금씩 통한다.
많은 시간을 함께하고 싶은데
마 음 뿐

주말에는
분수 있는 목욕탕에
가야만 할 것 같다.

더

햇살
고운 가을 문턱에
지난 휴가보다
더
달콤한 연휴였습니다.
간혹
시간이란 놈은
길이보다 깊이에 좌우되곤 하나 봅니다.
저보다 아내가
덩달아
더
좋았습니다.

묵은 숙제

밀린 숙제를 끝내고 난 뒤
뿌듯했던 마음처럼
자정 넘어가는 시간
단잠 청한다.

선잠에 눈 비비며
새벽녘에 첫딸 안아 본 듯
사십 먹은 막냇동생
장가 보내다.

숲속 두 갈래 길에서
한참을 서서 바라보았던 시인처럼
반백 지난 봄날 아침
원고 보내다.

도시와 가장

도시의 쉼은 고단하다.
부지런한 신호등이 졸음에도 자리를 쉬이 눕지 못한다.
도시의 바람은 무섭다.
멀게만 생각했던 이웃 도시에서 들려왔던 메르스,
시간시간 지나쳤던 그곳에도 출입금지 검노랑 줄이 늘어섰다.
도시의 밤에 깬다.
자야지 자야지 하는데도 자꾸만 잠에서 깬다.
가장이 잠에서 깬다. 오늘
신호등처럼 바람처럼
밤에 깬 도시는 걱정이다.
시골 처남이 내일 도시에 온다는데,
긴 밤 걱정에 한 두 잔 술이 중한 병이 되어,
치료를 위해 가장에게 온다는데
잠 깬 가장은 도시가 된다.

몇 시간 지나면 새날이 오고
도시는 힘차게 달려가겠지.
도시의 쉼도 바람도 밤도 걱정도

도시는 도시로
가장도 가장으로
아무 일 없었다는 듯이 살아내겠지
도시는 잠 못 이루고
가장도 긴 밤 깨어 있다.
도시도 가장이 된다.
이 밤에

여행 전날

여름휴가 첫날
자꾸 깬다, 벌써 3번째
걱정 때문인지

가족여행 전날
열었다 닫았다를, 잊은 것 없이
제대로 챙겼는지

떠나기 전날 밤
열대야 탓인가, 잠이 안 온다
소풍 가는 날인지

아무것도 하지 않았다

흔들흔들.
무딘 것으로도 느껴지는 지진에
아내가 대피하자고 했다.
나는 그냥 있자고 했다.
우리 집은 10층,
계단으로 내려갈 시간이 될까?
흔들림은 10초도 안 될 텐데
대피할 시간이 될까?
내진설계 되었다던데

일주일 뒤 마트에서
더 센 것이, 현기증이 나도록 흔들렸다.
장을 보던 아내가 밖으로 나가자고 했다.
'지진이면 땅이 갈라지지 않나요?'
옷깃 당기는 아들 말에도
그냥 멍하니 서 있었다.
넘어질까 다리에 온 힘을 주면서
식탁 밑인지, 무조건 밖인지
셈은 시작도 못 하고

두 번의 강진에도
할 수 있는 것이 없었다.
떨고 있는 아내와 아들 사이에서
간간이 들려오는 지진 뉴스에도
화산 분출로 기사가 도배 되는데도
누군가의 노래처럼
소풍 한번 잘했었다고
의연할 수 있기를
아무것도 끝나지 않았는데

새벽 네 시

새벽 세 시!
함께 자던 아들의 발길질에 잠이 깼다.
여섯 살 아들 몸은 땀범벅, 닦아주고 다시 누었지만
눈은 말똥말똥!
창밖 세상은
희미한 가로등 불빛도
내리던 비도
잠들어 있다.
새벽 네 시,
길어질 하루 걱정에도
긴 밤 수고한 이들이 생각난다.
아무것도 모른 듯
한밤중의 아들을 보니
창밖 도시의 불빛도
고맙다.

15시 30분

햇살 따스한 겨울
밀려드는 그림자는 봄볕처럼
빈 마당만 가득 채우고 있었다.

두툼한 겨울 외투가
허물 벗는 애벌레의 헌 집처럼
무겁지는 않은데 거추장스레
얇은 팔뚝에 매달려 있었다.

철모르는 영산홍은
선잠 깬 멍멍이의 동공처럼
도라지 하얗게 말려 가는데
부끄러운 듯 졸고 있다.

햇살 가득한 마당에
겨울 채비 서두르던 장모님은
돌담 철쭉만 바라보고 있었다.

용두암

돌, 여자, 바람이라던데
오늘 밤은
바람
바람만 가득하네.

아내의 빈자리

학교 수련회로
아내의 빈자리 12시간!
내가 아닌 아이들에게 시선을
내 시간이 아닌 아이들 시간에 갇혔다.
아내는 늘 아이들의 시간으로 살아온 게다.
고맙다!
둘째는 토스트로 아침을 준비하고
첫째는 식탁을 정리하고 있다.
아내는 모르고 있을 거다.
나처럼 딸들도
엄마는 늘 그 자리에 있었기에,
채워지는 아침이다.
그리고
문뜩 떠오르는 얼굴 하나!

덤

그 웃음이 너무 좋다.
세상 다 가진 듯,
근데 열이 안 내려간다.
이삼일은 그럴 거란다.
많이 아픈가 보다.
휴대폰 너머 울먹이는 작은 신음
하늘이 비워진다.
생각이 멈춘다.
그 사이
엄마 없는 집에는
두 딸이 저녁을 차리고 있었다.

아내 닮은 아들

늦은 밤 아들의 급한 숙제를 위해 찾은 서점에서
따라나선 아빠 마음만 급해진다.
잠자리에 들어야 할 시간인데
오늘 밤 아들은 아내처럼
시간과 공간이 자유인가 보다.
왼손에 든 것과
오른손으로 집는 것도
별 차이 없는데

카트 밀던 걸음이 늘어지던 마트에서는
아내의 장보기는 빨라지던데
오늘 밤 아들은 같지 않다.
과제는 사탕 먹은 듯 까맣게 잊고서는
삽살개 같은 아들 뒤에
문 닫을 시간을 미안해하며 속삭이던 점원의 말도
마칠 시간만 붙잡고 있던 아빠도
멈춰 서 있는데

정답

아이는 알고 있을까?
공차기 수준인 아이는
굳이 축구하자고 하고는
금세 딴짓으로
이유가 하나 더
목마르다고
두어 번 공 차고는
풀타임 그라운드를 달린 것처럼
목청 늘어나도록
쏟아붓고 있다.
환하게 웃는 그 모습에 마냥
하늘마음인 것을
아이는 알까?

용기

일탈엔 언제나 용기가 필요하다.
익숙함으로부터의 탈출
몸부림치듯, 내 안에 나를 찾아 길을 나선다.
몇 번의 망설임 끝에
타인이 아닌 나만을 생각하며
미용사에게 세 시간을 맡겼다.
내일 회사에는 제대로 갈 수 있을까?
아내에게 던지는 걱정 섞인 투정에
미용사가
"디자인을 넣어 멋지게 해드릴게요."
앞뒤로 왔다 갔다 이상한 듯 서성이는 아들에게
한마디 하고 싶은데
입안에서만 맴돌고 있다.
아빠도 이뻐지고 싶단다.

봄꽃

너무 갑갑하였나 보다.
꽁꽁 언 대지의 계절에
숨죽여 웅크렸던 시간들
뒹구는 장애물을 살필 겨를 없고
연초록 새순을 기다릴 여유도 없이
찬란한 바람의 계절을
에둘러 보여주고 싶은 것이
첫사랑 소년의 순수처럼
그대에게 꽂힌
내 마음인가 보다.

똑바로

똑바로 걷고 싶은데
너무 비틀거리며 걸어요.
지구 자전 때문에

똑바로 보고 싶은데
너무 희미하게 보여요.
황사 먼지 때문에

똑바로 말하고 싶은데
너무 버벅거리고 있네요.
주변 소음 때문에

똑바로 살고 싶은데
너무 고단하게 사네요.
가난 핑계 때문에

변명

말이 많다.
애절한 목소리는 굽은 목을 통해
삼켜버린 듯 자음만 나오고 있다.

말이 길다.
글자가 되지 못한 말들은
고장 난 테이프처럼 반복되고 있다.

말이 없다.
앞서 흐르던 눈물 그리고 콧물로
훔친 소매에 윤이 나고 있다.

말이 깊다.
되돌린 기억의 시간은
이유 하나가 더해지고 있다.

문전박대

음악회에 초대를 받았는데
여섯 살 아들이
어리다고 문전박대 당했다.
이곳은 아이들이 오는 곳이 아니어서
어린이 시설이 없다고
음악 영재는 아니지만
연주자 초대인데

어른인 것이 미안하고 무안해서
아이스크림 하나로
불난 마음을
재우고 있다.

예쁜 감사

감사는 표현하면 더 커지는 것 같다.
연휴 끝난 월요일 출근길도
가볍게 한다.

"별일 아니지만 잃어버린 줄 알았던
 스카프를 찾게 되었습니다.
 어느 분인지 모르지만 감사합니다.
 항상 건강하세요."

"P.S.
 정겨운 아파트에 사는 것이
 행복합니다."

침 묻혀 한 글자씩 그려갔던 연애편지처럼
각진 엘리베이터에 펼쳐진 손글씨 일곱 줄이
월요일 지나 한동안은
예쁠 것 같다.

행복

너무 가까이 있는 것을
망원경까지 동원해서
너무 멀리
좇아보고 있는 것은
아닌지?

너무 많이 있는 것을
종지 하나 달랑 들고
너무 작게
되어보고 있는 것은
아닌지?

봄 마중

청석이 너르게 자리를 잡아
천년의 시간이 가고 오는 사이
좁고 길게 그리고 움푹 팬 채로
쉼 없이 재잘거리는 동네 아이들처럼
천성과 정족 사이 암적에서 노적까지
맑은 계곡은 봄을 연주하고 있었다.

햇살이 머무른 양지바른 그곳에는
바둑판 위 돌처럼 노란 양지 꽃잎이 집을 짓고
계곡 맞바람 스며든 응달진 비탈에는
슬퍼서 고운 보랏빛 사연 많은 여인인 양
다소곳이 엘레지 군락에 눈길이 머무르고
두어 걸음 떨어진 습기 많은 산록에는
종달새 머리 닮은 스카이블루의 현호색이
어린 도마뱀의 긴 꼬리를 감추고 있었다.

호위하듯 가파른 바위 위에서 진달래가 춤추고
굳게 닫힌 촌집 돌담 아래 하얀 목련 꽃잎의
거침없는 추억 나눔에 수줍은 듯 수선화가
물오른 버들강아지의 손놀림 따라
만개한 매화 향내 짙어지는 그곳에서
길 떠난 상춘객의 시간이 멈추고 있다.

변신

주말 오후 아내의 미용실
아들과 함께 아내의 파마머리를
처음이다.

긴 시간을 이기고
지루한 공간을 견뎌내고
곱슬머리로 닮아진 정 씨네

미용실이 있는 주말 오후가
소소하게 가득했다.

맑은 웃음

아이는 숨김이 없는 작품이다.
해맑은 웃음이 풍성해서 좋다.
경비하는 가족에게 선물한
아르누보 모자이크처럼
해맑게 웃고 있다.

사십 넘어 결혼하는 막냇동생
예식식장에는
오랜만에
아이들과 함께
맑은 웃음이 있었다.

간격

아이스크림을 찾아 떠난 여행
커다란 곰 위에 망원경으로 무언가를 찾는 아이 모습
학교 앞 가정집을 개조한 커피 파는 미술관에서
좋아하던 맥주 대신 커피 향이 달콤해서
덤으로 전시되는 작품으로 시간 죽일 수 있어
속삭이듯 던져주는 친구의 말
자주 찾는다는

여름살이로 보냈다는 이국의 도시에도
잡힌 고기가 그럴 줄 몰랐다는 초점 잃은 눈빛이
커피 향기 앞서 미술관을 채워버렸다.
마주 보는 둘밖에, 점원도 보이지 않은 그곳에는
한 마디 숨 쉴 구멍에도 개똥철학 떠들던
삼십년지기의 짧고 굵은 헛기침이
철 의자 끄는 소리에 일어났다.

하나는 온천천을 걸어 방으로 갔고,
남은 하나는 시내버스를 타고 집으로 향했다.
저녁으로 남긴 짠 스테이크는 마른 침만 재촉하고

과속방지턱에 천장 손잡이 마냥
버스 뒷자리 여자 같은 남자애 둘의 거친 소리에
배설하는 곰을 생각하듯, 멈추기도 전에
버스에서 내렸다.

미스터 트롯

눈물이 난다.
구성지게 목청 돋우는 것이
금방이라도 숨 멎을 것만 같은데
꺾어져서는 끊어질 듯 이어져 가는 것이
말문 쏟아내던 동창 친구의 애잔한 기억이다.

가슴이 미어진다.
열세 살 늦둥이 아들 또래라는데
웃음기 귀엽기만 한 동그란 얼굴이
묽은 막걸리에 입맛 다시며 젓가락 두드리시던
거목 같았던 장인어른의 구슬픈 가락이다.

마음이 녹아든다.
진한 화장에도 가려지지 않은 얼굴 흉터보다
아버지 생각나서 부르지 않았다던 배호의 배신자
버리지 못하고 나무틀 깊이 감춰 둔 아픈 추억 사진이
잊히지 못하고 배어나는 아픔의 상처이다.

또 듣고 싶다.
물씬 풍기는 장삿속에 외면하건대
이런저런 걱정에 어찌 되겠지 쳐져 가는 어깨에
후회 외에는 늦은 게 없다고 아침마다 외치게 되는
다시 일어설 수 있는 재기의 노래이다.

死矣

고즈넉이 너른 마당을 채우고
처남은 한 줌 재로 태워지고
검은 장정들의 지친 기다림은 졸려 하고

호흡기를 달면서 일방통행이었다.
그를 위해서라는데
없었다 어디에도 그는,

혹시나
이 시간과 이 공간을
하나도 원하지 않았을 것이라면
밀려드는 공허가 일으켜 세우는데

가을 빗방울까지
낙엽 치우는 비질이
차다.

죽음 앞에서

근조
친구야! 목이 메고 그저 눈물만 난다.

30년이 지났다. 그때는 겨울이었는데, 옥영철, 박재범 두 친구. 시험 기간이었지. 냉하던 교실 분위기, 그리고 범이 책상 위에 놓인 하얀 국화꽃. 모두가 말이 없었고 병원에서 거친 숨을 몰아대던 철이 모습, 그리고 놓인 또 하나의 국화꽃. 조사를 써서 읽으면서 신에게 반항하듯 좌절했었지. 취하지 않고는 견디기가, 딱히 잘못한 것도 잘한 것도 없긴만 나의 고교 시절은 그렇게 멍들었고 친구의 무덤 앞에서 네 몫까지 더 열심히 살겠다고 했는데, 글쎄다. 나중에 만나면 무어라 해야 할지.

오늘 충남 공주에서 더 큰 통곡이 눈시울을 적시게 한다.[1] 살아남은 자의 책임과 의무! 잘 이겨내야 할 텐데. 나의 열일곱이 오버랩되었다. 어린 친구들이 행복하게 살아갈 수 있는 세상을 꿈꾼다. 열심히 나의 길을 가야 하겠지. 함께 아파하고 뒹굴었던 일곱 친구가 보고 싶어지는 오늘이다.

---

1) 2013년 7월 18일 충남 태안군 안면도 사설 해병대 캠프에서 발생한 고교생 5명 사망 사고

5명의 젊은 친구의 명복을 빈다. 남은 유족과 친구들에게도 조의를 전한다.

마루 밑 피난처

황토 마당을 서너 걸음 지나
걸터앉기도 애매한 돌계단 위에
어머니가 잡고 일어서시던 안방 기둥과
담배 연기 막아주던 사랑방 기둥 사이에는
사각기둥에 가로 눕혀두고 조각조각 잇댄 송판 아래에

들켜버린 수박 서리질에 줄행랑쳐서는
유리창 있는 이층집에 던진 조약돌 하나가
엿으로 바꿔먹은 요강 찾는 어머니 목소리에는
해 떨어지고 어둠이 들려오지 않을 때까지
숨을 수 있었던 곳에

삼십 년이 더 지난 오늘
개발이 비껴간 서울 옛 동네의 좁은 계단 아래 빈소는
상주 맡은 형님 처남의 처진 어깨 너머 웃고 있는 동갑내기 영정이
기어들어 가서라도 피하고 싶은 듯
생각이 났다 그때 그곳

봄

어릴 적에는
노랑과 연분홍으로
봄이 오는 줄 알았습니다.

군항제 소식을 볼 때는
눈꽃 날리며 늘어선 벚나무에
봄은 하얀색으로 다가왔습니다.

반백에 되돌아보니
지천으로 피어난 이름 모를 야생화로
봄은 무지개색이었습니다.

석화된 상처에도
공감으로 내밀던 두 손에
봄은 다른 색으로 찾아왔습니다.

완연한 봄볕은
소식 뜸한 친구 찾아서
핑크 그린 편지지에 적어갑니다.

그해 원당리에는

젖은 흙바닥에 그림자가 걸어오고
별도 달도 부끄러워하는데
두 눈앞서 범벅이 된 초병의 군화가
먼저,
보이지 않는 풀숲을 향할 때면
숨죽여 왔던 주머니 속 묵은 감각들이
논두렁길 젖은 물길에 박힌 돌멩이도
스물 그리고 한 살의 어린 왕자가
뱃길 나간 남편을 기다리는
노란 망부석처럼
보초가 끝난 원당리 그 해에
젖은 밤은 하얗게 말라서
새벽이 된다.

장인어른

황망하다는 말이 이때 적용되나 보다.
아침 잠결에 위중하다고 하더니 이내 돌아가셨다고
1년여 병상에서 고생하신 장인어른,
거목 한그루 뿌리가 뽑혀 버렸다.
평안히 눈 감으신 모습을 위안으로 삼으며
어른의 죽음을 애도한다.
장인어른 사랑합니다.

2017. 02. 04.

삶은 기다림이라고 했던가?
재작년 가을 이곳의 고즈넉함이
차가운 2월에 소리 죽인 울음이
영구차에 실려 온 86년의 시간, 마지막 한 줌이
몸은 생각과 달리 지루한 기다림에 졸려 한다.
목련 꽃망울은 터질 듯
봄은 기다리고 또 하나의 해맑은 웃음으로
거목으로 가슴에서 가슴으로
추억 창고에 쌓여가겠지.

2017. 02. 06.

상처

겨우내 언 땅이 비탈에
누워 있어 보였습니다.

종이에 벤 손가락 마디처럼
기억 너머 살점이 패인 자리처럼
검붉게 화상 당한 피부같이 훙지고 있었습니다.

가슴 응어리진 말 한마디는
해결되지 않는 아픔으로 응달진 자리에
잊히기를 움츠리며 기다리고 있었습니다.

겨우내 언 땅이 질퍽하게
고름 같은 것을 토해내고 있었습니다.

가을비 내리는 오후

비가 옵니다.
희미한 기억에 눈꼬리 움찔대고
한 자락 빗방울에 놀라서
독백처럼 주절대듯 하루 종일
공장 마당의 물방울들은
이미 추억입니다.

네모난 창문에는
올랐다가 사라지는 무대처럼
기억의 문고리를 만지작 하듯
꼬리 물며 떨어집니다.
그칠 줄 모르는 추억은
벌써 가을입니다.

시골의 맛

시골이 더 추운 것 같아요.
추위에 살아남은 배추가
제맛이라는 장모님

고진감래라고
불쑥 튀어나오는 자랑질 붙잡고
가슴 깊이 파고드는
장모님 말씀에
김장배추 한입 물고
활짝 웃어 보입니다.

생각해 보면
감사하고 고맙고 미안한 마음인데
뒤돌아보니 원망과 불평뿐입니다.

시골이 더 맛있는 것 같아요.
햇볕 잘 드는 밭모퉁이 씨알 굵은 배추에
손맛 더한 장모님

가을 저녁

중추절입니다.
중로 상봉 속 애간장 숨긴 모녀간의 짧은 상봉이
만월 조명 공활한 노모의 숯덩이 가슴에도
일가친척 다례 나누는 만남은 정성입니다.

가배일입니다.
신라 여인들의 길쌈 적마(績麻) 경쟁 뒤 축연은
슬퍼서 아름다운 회소곡 가락에
춤사위 어울린 화해는 믿음입니다.

한가위입니다.
솔향 질퍽하게 대청마루 송편 속 갖은 수담(手談)들
학동들의 아사거랑 유다리 위 가마싸움에도
달마실 말뚝이의 열정은 소망입니다.

추석날입니다.
개천가 한들거려 코스모스 위 고추잠자리의 하늘이
고향 찾던 아버지의 깊게 파인 옅은 족적도
여름 볕 영그는 결실은 사랑입니다.

過한 病

긴 연휴
쉼이 과하여
온몸 마디마디가 요동을 칩니다
몸살이라고 하지요

긴 명절
먹은 것이 과하여
하루 종일 배가 울렁울렁합니다
소화불량이라고 하지요

긴 휴가
주체할 수 없는 시간이
아무런 일 하나 없이 지나갔습니다
몸보다 마음이 공허해집니다

그 사이
날마다 반복될 수 있음이
소중하고 감사란 걸 배워갑니다
과하면 병이라고 하지요.

행복을 보면 좋겠습니다

추석 명절 인사로
고모네 시골 마당에서
생명을 봅니다.

지난 가을에
계절이 몇 번 바뀌는 동안
참깨 한 줄기가 마당 가운데
살아남아 있었습니다.

비바람 치는 비질도 여러 번
천둥번개 같은 손수레도 여러 번
스치듯 지나간 시골 마당에는
생명이 자라고 있었습니다.

내년 명절 인사에도
시골 마당이 있는 고모네 집에서
행복을 보겠습니다.

팔순 고모

팔 남매 외동딸로 혼자 남겨진 오늘
팔십 년 세월 까막눈이 당연했던
평생 삼 남매에 지극정성 하면서도
팔팔했던 젊은 날은 얼마나
답답했을까?

용기 내어 찾아간 한글학교에서
침 바르듯 눌러쓴 이름 석 자 아래에는
오매불망 아들딸 생각뿐인데
안 먹어도 배부를 만큼
그것을 알까?

접힌 허리는 일 년 사이 더 깊이 숙어지고
넓었던 마당은 가을로 쌓였건만
신문지 돌돌 참기름병 진한 그리움이
문풍지 사이로 쓸쓸함이 밀려들 겨울 걱정에도
괴앤찮을까?

오빠 얼굴 영판이라던 둘째 형도 정년이 다가오고
형 닮은 고모님의 한글 교실 작품에서
상장으로 도배하셨던 아버지 없는 삼십 년 동안

주문처럼 되뇌었던 푸시킨의 글이
생각이 났다.

겐찬타

정연이
(임하한글교실)

자식들이 온닷고 해서
집에 갈 때 가져 가라고
이것저것 싸낫더니
안 먹어도 배부르다
떠들석 했던 집안이
모두다 가고 나면
허전하고 슬쓸해서
찬바람이 불겠지
그래도 겐찬다
학교가면 하하호호
웃다보면 겐찬타

가을 母情

한 발 내디디니 가을이 안긴다.
한 걸음 뚜벅 걸으니 수채화 한 폭을 담아낸다.
한달음에 달려가 보니 떠날 준비를 하고 있다.

무엇에 그리 급한지 한숨을 훔치듯
가을은 늘 그렇게 준비하고 있었던 게다.
더운밥 식을세라 아들 발자국을 기다리던
어머니처럼

올해 가을도
갓 지은 쌀밥에 고등어 속살 발라
숟가락 위에 올려주듯
동지 찬바람 앞에 한 상을 짓고 있었던 게다.

기다리고 있었던 게다.

눈물

독감으로 입원한 새해 첫날에
주삿바늘에도 울지 않던 도영이가
아빠와 떨어지는 데 눈물을 흘린다

엄마 손에 이끌려 뒤돌아 나온 아빠는
운전대 잡은 손으로 눈물을 훔친다
날파리가 들어간 것처럼

독감

기침을 합니다.
누런 가래가 많다고 말했습니다.
아이는 머리가 아프다고
젊은 의사 선생님은
열이 없는데도
해열제를 처방합니다.
주말 에둘러 찾아간
이비인후과에서 일입니다.

열이 떨어졌다 다시 오르기를 반복하고
아이는 얼굴을 쉴 사이 없이
찡그리며 아프다고 말합니다.
체온계를 들었다 놓았다
독감인 것 같아요.
오십 넘긴 아내가 맥없이
휴일 아침 큰방에서 쏟아내는 말입니다.

작은 게 아는 것이 너무 많네요.
주차 때 내 느긋함의 후회를
알고 난 뒤, 두 시간의 기다림이
쭈뼛, 영문 모를 외침과 아이들의 울음소리

뿜어 나오듯 기침과 비명으로
지휘자 없는 오케스트라 연습실처럼
글자를 깜빡이며 순서를 내뱉는 전광판에
아이의 이름을 확인하고 나서야
긴 소파에 짧게 걸치고 앉아 봅니다.
휴일 문을 연 어린이 병원 일입니다.

타미플루 처방에 주의를 말하는
파란 옷의 젊은 의사 선생님과
하얀 가운의 키 큰 약사 선생님의 말입니다.
꼼짝없이 갇혀버릴 아내와 아이는
퍼즐 천 조각 상자를 카트에 담았습니다.
기념 삼아 벽에 걸어 두겠다고
돌아오는 길에 찾은 마트에서
액자를 집으며 그리는 아내의 말입니다.

몇 알을 입에 넣고서 닌텐도를 집어 든
아이는 묘한 미소로 즐기는 듯합니다.
혹시나 하는 걱정에 긴장하는 아내와 달리
아이는 무척 행복해 말합니다.
밥 먹는 것이 조금 느려졌지만
아이의 일상은 변한 것이 없습니다.
괜히 조마조마했나 봅니다.
지나면 추억으로 남는 것이라고
말하고 싶습니다.

수험생

새벽 두 시
단잠에서 깨다.
다시 청하는 잠, 뒤척뒤척 말똥말똥.
거실을 서성이다 새어 나오는 작은방 불빛에 가만히
밀어본다. 둘째가 책상 앞에 있다.
"안 자냐."
시계를 보는 듯 "두 신데요."
할 말을 잊는다.
"자라."

수능 한 달 전
얼마 남지 않았다.
뒤숭숭한 내 마음도
내려다보이는 가로등 불빛도
흐르다 못해 애잔하다.
오늘 밤,
밤이 너무 진했다.

5월 8일

두 딸과 아들이 내민 꽃다발 한 묶음
큰딸은 우리 부부 세족식으로
작은딸은 깨알로 속삭이듯 손편지로
그리고 막내아들은 미소 한방으로
장미꽃 오월보다
진한 시간으로
감동으로 저려온다.
근데, 나는
할 수 있는 것이

어버이날에

서로 닮았다

남편이 아내에게
듣고 싶은 것만 말하고
하고 싶은 말만 들을 수 있다면

아이들이 아빠에게
보고 싶은 것만 그리고
그리고 싶은 것만 볼 수 있다면

아내는 남편에게
듣고 싶은 것만 듣고
하고 싶은 말만 이야기하고

아빠는 아이들에게
보고 싶은 것만 보고
그리고 싶은 것만 그리고 있다

자랑

아이들이 부모보다 한 뼘
더 큰 것이 부모의 자랑이 됩니다.

남의 집 아이들은
어쩜 탐나도록 잘 자라고 있는지

잡은 고기 물 안 준다고
남의 밥에 콩이 커 보인다고

바람이 큰 이유가 되고
욕심이 과한 탓이겠지요.

그저 무탈하게 자라는 것만으로도
고맙고 감사하다고 했는데

어느 순간 남과 견주면서
자신을 잊고 있었나 봅니다.

이 맛이다

아들이 잠시 뚝딱^^
꿀벌 닮은 고무찰흙을 만들어
자랑질한다~~~

엄청 놀란 표정으로
우~~~하,
엄지 척까지~~~

아들 왈
오버하지
마세요.ㅠ

아들의 꿀벌도
이런 나도
좋다. ♡

여름 공부

여름 바다

아들은 물보다 모래다
아들의 모래놀이는 공부다
다지며 쌓아가는 모래성에서
허망하게 무너지는 백사장에서

하루 종일 지치지도 않고
환호성을 치면서
눈물도 훔치고
검붉게 속살을 태워 가면서

공부하고 있다.

기억하기

마음의 짐으로
동에서 서쪽으로 네 시간 반
쉼 없이 찾은 진도 팽목항
동년 아이 아빠의 마음으로
돌아오지 못한 이를 향한 애절함에
헤어진 깃발의 문구도
땅바닥 찢어진 조각 하나에도
남 일이 아닌 양
아리고 멍했다
늦은 2년 4월 16일에

잊지 않겠다고
한동안 붙이고 묶었던 노란 리본은
아토차 언덕에 심어진 올리브와 노송나무들처럼
금발의 오드리 헵번은 은행나무를 심고
먼저, 기억하고 있었는데

봄비가 장맛비처럼
열 살 막내의 투정에 저물어
머리 위로 쏟아지는데

나와 아내는
부끄럽고 미안한
눈물이었다
그날 진도의 기억에

다짐

— 동해 표기 문제를 보며

5년 뒤로
힘없는 우리나라가
짝사랑하는 미국이 일본 편이라서
나름 애쓰고 수고했을 것인데
안타까움을 넘어
울화통이다.
잘못된 것을 바로잡는 데도
시간과 노력보다 힘이 드는데,
잘못을 알면서도
침묵으로 묵인하지는
외면으로 방관한 적은
진실하고자
다짐한다.
정의를

노회찬 의원을 생각하며

바람에 흔들리는 잎새에도 나는 괴로워했다.

종교가 없는 그는 아마도 양심이 정의가 되고
신앙으로 굳게 믿고 살았던 사람인 것 같다.
소식을 접하고 그에게 조금만 더 참고
견뎌줄 수 없었냐고 반문하고 있다.

확인된 것 하나 없었는데 도배하듯 정죄하던 화살은
환하게 웃는 그의 영정 앞에 속절없이
하얀 국화 송이만 쌓여가고 있다.

누가 누구를 용서하고 이해할 수 있는지?
하나님에게 쉽게 용서받고 사는 그리스도인에게
양심이란 무엇인지?

거듭난 신자의 '양심의 무게'가
종교가 없는 그의 삶의 무게보다
더 무거워야 마땅할 것인데,
회개 없이 용서만 남용되고 있는 것은 아닌지?

무게를 못 이겨 떠난 그를 보내며

계속되는 열대야 폭염보다
더 갑갑했다.

아직도 보내지 못했는데

가을도 아직 보내지 못했는데
계절은 미리 기다리고 있네요

그러게요

아직도 느껴보지 못한 것 같은데
겨울이라네요

낙엽 하나 책갈피에 끼워 보아요
가을이 가슴을 안아 줄 테니

계절 말이에요

저마다
또 이렇게
보내고 기다리는 것인가 보네요

한 잔

오랜만에 한 잔을 합니다.

당신의 빈 잔에
하얀 수줍음을 담아 드리고
옷깃으로 닦아 따라주는 한 잔에서
잊은 줄 알았던 당신의 진실이 채워집니다.

투명한 한 잔에
질긴 추억의 안주를 씹으며
어린 날 당신에게 향했던 나의 순수를
가득 따라주고만 싶었습니다.

오늘 밤, 빈 잔에는
밀려 올라오는 당신 생각으로
먹고 마셔도 비워지지 않는 한 잔을
취하도록 다 받아먹고 싶습니다.

오래도록 당신이 따라주는
한 잔을 기억합니다.

처남

양산부산대병원 병동 복도에서
간경화로 두 번째 입원한 처남인데
이제 그만 그를 놓아주고 싶다고
아무것도 할 수 없다는 자괴감에서
0.1%의 소생 가능성도 없다고
처음, 대상도 없는 분노에서
바로 풀에 꺾인 체념으로, 이제는
회자정리라고
이별 앞에 설 때마다 힘들어했다.
시간은 많은 줄 알았는데
낯선 내가, 이 복도가
미워진다
그래서

싫다.

늦가을 황령산에서

깊게
그리고 묵직이
익어가는 계절, 만추에
가슴 열리듯 시원한 그림이
하늘 솟은 빌딩도 발아래에
가을하늘과 어깨동무에
바다는 손에 닿을 듯
까치발 하듯
시원했다
두 눈에

오륜대에서

아내와 찾은 오륜대 산책길에서
훌쩍 커 버린 아들의
나보다 더 나를 닮아 있는 모습은
삶의 활력소가 된다.
흐려지는 기억 너머로
파란 도화지 위에 오늘이
또 하나의 푸른 추억을
덧칠해 갔다.

가조도에서

가을이 저물어 가는 날
삼십 년 기억을 퍼즐 조각 맞추듯
내년 또 하나의 기억 조각을
약속해 봅니다.
굳이 말하지 않아도
온몸에서 먼저 튀어나오는
간간이 전해진 소식과 추억들이
멍게비빔밥 되어 향긋하게
섞여져 갑니다.
적막은 주인 잃은 섬 집에 보초 세우고
숯불에 구워지는 한우보다
한마디씩 보태지는 양념들이
혀끝에서 녹아 가슴을
공감되어 채웁니다.
복어처럼 늘어난 뱃살에도
두툼하게 썰어낸 방어 두 마리도
연륙교로 없어진 차도선 이야기도
스물에 만나 애년이 지나도록
부끄러워 숨는 그믐 달빛 아래
추억으로 어른거리는 밤입니다.

조선소 불빛 뜸해진 틈에
가을 별 하나둘 다섯처럼
또 오랫동안
만날 날을 손꼽듯
가조도를 기억합니다.

설악 공룡

보이는 것은 멀지 않았다.
시작하니깐 끝이 있었다.
설악산 공룡능선에서
진하게 가을을 시작했다.

가을날의 추억

10월의 마지막 날
라디오에서는 하루 종일
계절의 잊혀짐을 노래하고 있다.

설악 공룡에서
설레임이 아픔 되었던 10월의 시작이
마지막 즈음 가을향기 담은 축하의 문자들로
감사함으로 마칠 수 있어 행복하다.

농부마냥 가을 추수를 향한 분주함으로
고단하고 지친 시간이 계속되겠지만
나만의 풍성함으로 가을밤이 추억되고 있다.
하루가 다 지나도록

10월 마지막 밤에

시간과 기억

추석 전날입니다.
시간은 많은 것을 희미하게 합니다.
하지만
희미한 시간은
더 간절하게 추억이란
이름으로 기억나게 합니다.

가을 변명

날씨는 찬데
햇볕은 고와서
눈물이 난다.

추수가 끝난 들판에는
덧칠한 가슴에 변명 하나가 바느질되고
시퍼런 멍 자국이
하늘에 담긴다.

그 하늘은 높은데
덧칠한 구름도 없어서
눈물이 인다.

엄마를 부탁해

― 『엄마를 부탁해(신경숙)』를 읽고

괜히 눈에 무엇이 들어간 것처럼.

엄마를 잃어버린 지 일주일째
서울 지하철역에서
놓쳐버린 엄마 손
습관대로 한발 앞서
뒤늦게 돌아본 곳에 엄마는 없었다.

엄마를 찾지 못하는 날이 길어질수록
잊어버린 줄 알았던 기억 속의 일들이
네가 내게 와주어서 참 고맙다
나에게도 일평생 엄마가 필요했다는 것을

보고 싶다. 그래서 나지막이 불러본다.
엄마를 사랑해

편지

비가 온다!
11월에
늦가을 이 비는
좋은 소식일까?

석양은 또 하루를 시작한다

바람이 분다.
어제까지 채이듯 밟혔던 낙엽도
마을 놀이터에 모여들었던 아이들도
시린 하늘보다 높게 동화 같은 하얀 구름도
아랫목 아버지의 밥공기 늘어날 때면
부는 바람은 긴 칼이 된다.

발걸음이 무겁다.
단풍 구경으로 단장한 아주머니들도
김밥 한 줄 없이 소풍 간다고 새벽처럼 일어난 아이들도
대청마루에는 고추보다 맵게 배추 절이는 어머니의 손도
우물가 감나무에서 샛밥마저 떨어질 때면
무거운 발걸음은 느린 달구지가 된다.

눈이 내린다.
떨어졌던 낙엽만큼 바람 지난 골목에도
만개했던 아이들의 웃음이 사라진 놀이터에도
회색 진한 먹구름으로 하늘이 내려올 때면
새벽밥 아버지가 안방을 차지할 때면
내리는 눈은 무대의 커튼이 된다.

석양에 선다.
밥 짓는 노래가 흘러 나는 초가집 굴뚝에도
어둠 내리는 놀이터의 방학 맞은 아이들도
가을 지나 시작되는 12월 겨울에
아홉 봉우리 하나둘 곱게 익어갈 때면
석양은 또 하루를 시작한다.

장미의 격려

장미! 그대가 아름다운 것은
가시를 비추는 강한 햇빛을
격려로 받아들이기 때문입니다.

어머니! 당신이 오월의 장미인 것은
모난 성질로 고슴도치처럼 솟아난 것을
사랑으로 감싸주셨기 때문입니다.

오늘 하루가 초록의 생명인 것은
아픔으로 긁히고 패인 상처를 보듬어주는
내일이란 희망이 있기 때문입니다.

그러기에
진실하게 살아가야 합니다.
그날은 장미처럼 아름답기 때문입니다.

후회

각오는 했지만
돌아가신 어머님 영전에
텅 빈 머리가
채워지지 않습니다.

생전에 미루었던
하나하나의 일들이
한 방울씩
눈물이 됩니다.

이천 원어치 봄 향기

실개천 물줄기가
물푸레나무를 적실 때면
긴 삽의 아버지는 짧은 도랑질로
봄 가뭄 주름을 펴신다.
어느 시인은 목련을 노래하고
철없는 아이들은 벚꽃축제를 조르고
어머니의 분홍빛 치맛자락에
참꽃 잎을 모으던 하이얀 손마디 사이에는
쑥이랑 냉이 달래 어울진 나물들로
할머니를 환하게 한다.
4월이 오면 어머니는
봄바람 앞세워 고향 선산 아버지 찾아
분홍 제비꽃 한 솔 들고
잉골 할머니 이야기로
철쭉 만개한 삼십 년을 전하려 했다.
4월 첫날 귀갓길에
불편하신 어머니를 대신하여
동상동 시장가 할머니 닮은 자판에서
이름 모를 봄 향기를
이천 원어치 샀다.

추모공원에서

봄날이 가을 같다.
연휴 앞두고 지나는 길에 들렀다.
그리움만 더해간다.
내달 2일이면
만 2년인데
죄송한 마음
자주 못 온 발길이

2013.05.16.

어머니
찬 바람이 붑니다.
037-018542
대리석 벽에 붙여진 사진만
멍하니 바라보고 있습니다.
제 모습이 투영되어 나타났다 사라지고
무엇에 그리 바빠서
죄송합니다. 엄마!
자주 못 오는 발걸음이

2014.11.28.

추모공원 37호실
자주 찾아오겠다는 마음뿐
지나는 길에도 생각뿐
영정 사진에서 나보다 더한
나를 발견합니다.

더 열심히 좀 더 성실하게 조금 더 정직하게
조금만 더 인내하겠습니다.

사랑합니다. 어머니

2015. 11. 23.

그날 새벽

시간은 그리움도 흐릿하게 하고
기억은 시간을 잊는다.

아직도
멍하니 시간만 탓하고 있다.
여름 가고 가을이 여섯 번째

내 생각과 네 생각이 다르다는 것
그날 새벽이 오늘 아침 일 같다.

慕情

빈말이었다.
자주 오겠다고 했는데

며칠 지나면 꽉 찬 8년이다.
멈춰버린 시계처럼
엊그제 일 같이 생생한데

할 말이 없다.
시간이 멈춘 사진 속 그 모습 앞에서
오늘 또다시 빈말만 쏟아내고

텅 빈 그곳은
한동안 멈춰 있었다.

가을 바다

모래언덕으로 하염없이 구애하며
멍든 바다가 언제쯤 하얀 속살 보일까?

푸른 바다보다 멍! 때리는 파란 하늘은
아픈 흔적 하나 없어 다가설 수 없는 허전함이
이 가을 내 마음일까?

사무침이 깊은 바닷물결처럼 파도 살 높여
군대처럼 밀려와서는 누런 이빨 드러내니
싱거운 동네 총각 같다.

쉼 없이 달려드는 바닷바람의 열정도
이 가을 쉬어갈 수 있을까?

원하지 않은 결투

5분도 안 되어 잠들었기에
부러움 너머 욕도 많았는데,
날 좋은 5월에
영문도 없이 사라졌다.
눈 감고 이곳저곳
잠을 찾고 있었다.

안 온다.
베개만 스쳐도 코 곤다는데
머리가 스펀지처럼 스며드는 것 같다.

빈 대나무 속에도
행복해 보이는 이들에게도
아픔과 그늘에도 늘
근데,
오늘 원하지 않은
결투를 청하나 보다.

닮은 꼴 찾기

이상한 사람들과
더 이상한 사람들

끼리끼리 이합집산하는데
가만히 보면
닮은 꼴 찾기다.

맞으면 화를 낼 이유가 없고
틀린다면 화낼 자격이 안 된다는데

3초 아니 1초라도 순간을
멈출 수 있는 것이 능력이다.

이상한 사람 중에
더 닮은 이상한 사람이 아니기를

홍수

물이 귀하다
먹을 물이
지금

너무 많아서 헤픈 세상이다
아직 쓸 만한 것 같은데도 버려지는 것이 넘쳐난다
아까운 것이 없는 세대다
부족을 잊은 듯

태풍이 지나간 다음 날
재활용품을 버리러 나갔다가
갈증만 더했다

후회하지 않기

내 생각이 맞는다면
화를 낼 필요가 없고
내 생각이 틀린다면
화를 낼 이유가 없다.

결과를 바꿀 수 없다면
성질을 부릴 필요가 없고
결과를 바꿀 수 있다면
성질을 부릴 시간이 없다.

아마도
화를 내는 것과
성질을 부리는 것은
자신에게 만족하지 못함이리라.

잠시 멈출 수 있다면
후회할 일을 하지 않을 것이고
달리 생각할 시간을 얻는다면
상처 주는 일을 막을 수 있다.

그런데 오늘 나는
그러지 못했다
그래서 또
후회의 글을 남긴다.

* "When you are right, no need to be angry. When you are wrong, you have no right to be angry."
박광수의 〈살면서 쉬웠던 날은 단 하루도 없었다〉에 실린 마하트마 간디의 어록. 본 글은 인터넷 서핑 중에 만난 한글 번역본으로 "당신이 옳다면 화낼 필요가 없고, 당신이 틀렸다면 화낼 자격이 없다"라는 글에 공감하여 몇 자를 가감하여 쓴 글임을 밝힌다.

언젠가는

호기롭게 도전을 했습니다.
그것 정도야 할 수 있을 것 같았지요.
허무하게 무너져 버렸습니다.
어제 저녁의 일입니다.

심기일전 도전을 합니다.
이건 해낼 수 있다는 의지이지요.
힘에 부쳐 밀려나고 있습니다.
오늘 점심의 일입니다.

매번 아침이면 시작을 합니다.
깊게 패인 후회의 상처를 뒤로하고요.
할 수 있을 것만 같은 작은 싸움입니다.
일등 기억은 가물합니다.

그럼에도 도전을 하겠습니다.
바람을 넘어 덤덤한 일상처럼 되겠지요.
언젠가는 주문처럼 승리할 것입니다.
내일 아침에도 말입니다.

내로남불

인정하고 삽시다.
살아가면서 상처 없는 인생 없듯이
시간이 지나면서 자기주장 없지 않으니
매 순간과 순간 사이
만나는 시간과 시간 속에
이해하고 삽시다.

인정하고 삽시다.
이중 잣대로 살아가는 인생은
욕심 넘어 욕망에 저당 잡힌 것이니
모든 일 사이와 순간에서
한 사람 한 사람 만남과 그 시간에
공감하고 삽시다.

Latte Is Horse

라떼는 말이지
한참동안 응시했다
퍼즐조각 맞추듯이

나때는 말이야
익숙하게 들려왔다
학교조회 서있듯이

너때는 말이고
가슴먼저 아려왔다
십년강산 변했듯이

그때는 말이지
넋두리가 아니란다
지친하루 힘주듯이

Latte is hope

첫 금요일

같은 간격의 시간이지요.
한잠을 자고 바뀐 세상에 맞닥뜨립니다.
새해 인사에 분주한 방송에도
작년과 새해가 혼재하고
8과 9가 헷갈려 말하고 쓰고
마냥 같은 시간인데 말입니다.

독감 끝난 아들의 해방감보다
함께 지샌 아내의 마음이 먼저 움직여
축구화 구매를 이유로
시간을 공간으로 바꾸었습니다.
남이 해 주는 밥이 가장 맛있다던 아내는
곤드레밥 놋쇠 한 그릇을 깨끗이 비웠고
느린 듯 회복된 아들의 입맛에
보기에도 행복한 금요일 저녁입니다.

신년 빅세일 광고판에
주저주저했던 고가의 가전제품을 위해
냉큼 카드를 꺼내었습니다.

쓰기 위해 버는 것이라고 중얼거리면서
첫 금요일을 제대로 즐기고 있었습니다.
새로 산 커피 메이드의 진한 콜롬비아산 원두로
행복 한 잔 추가되는 저녁입니다.

춘곤증

열린 문틈 사이에
따사로운 봄볕이
한 손바닥 움켜쥘 만큼
환하게 밀려들고

닫힌 유리창 위에
쏟아지는 봄빛이
두 눈꺼풀 떨어질 만큼
하얗게 내려앉고

화단 겨울나무에
은근하게 봄향이
세 이파리 흩날릴 만큼
연하게 잦아들고

주말

늦게 잠을 청했습니다.
늦잠을 잤습니다.

온종일 빈둥거립니다.
하루가 왜 그리 긴지

온몸이 뻐근합니다.
아무것도 한 것이 없는데

주말 저녁
후회가 밀려옵니다.

여유 한 잔

빨간 광복의 날에
시골 장모님이랑 칠천 원짜리 비빔밥을 먹고
내비게이션 아가씨 말대로
한 시간을 달려서
해바라기 그늘진 정원이 있는
종갓집 사랑채 같은 곳에서
한 잔 차로
여유를 사고 있다.
볕 좋은
광복절 휴일에

Y2K

Y2K
이십 년 전 그날
참호 밖 어둠을 감시하듯
밤새워 보초를 섰다
자정을 지나는 그 순간 그 틈에
세상이 멈춰 버릴까 봐

2020
이십 년이 지난 오늘
창문 밖 어둠이 깜깜해 오면
두 손 모아 기도를 한다
보내고 맞이하는 그 시간 그사이에도
세상이 아파 힘들까 봐

한 뼘의 여유

날이 맑았으면 좋겠습니다.
텔레비전과 인터넷의 흉흉한 뉴스가 아닌
어두운 곳을 환히 비추는 태양처럼
푸른 하늘이 더 시리도록
맑은 날이면 합니다.

비가 왔으면 좋겠습니다.
홍수와 폭우로 삶의 터전을 잃어버리는 재난이 아닌
갈증을 시원케 하는 샘물처럼
마른 가슴을 흠뻑 적시도록
비가 왔으면 합니다.

구름이 많았으면 좋겠습니다.
두껍고 검은 먹구름으로 습격하듯 몰려오는 번개가 아닌
초원 위에 누우면 동화처럼
찡그린 얼굴을 가려주도록
구름이 많았으면 합니다.

맑은 날도 비 오는 날도 구름이 많은 날에도
사람들이 기억되었으면 좋겠습니다.
사람과 사람, 부부 사이에도
한 뼘의 여유가 있는
새해였으면 합니다.

내려놓기

내가 상처받았다는 것은
그만큼 너에게
상처를 주었다는 것이다

좋은 것은 갖고 싶어지고
주는 것은 싫어지는데
욕심은 늘어만 가고

볼 것은 다 보고
안 보여 줄 것까지

한 발 뒤로 물러서 보면
한 걸음 다가가 보면
다를 뿐인데
틀린다고

덧칠되어가는 시간 탓만으로
무뎌져 가는 처음 마음이
아파한다
나그네가

찬란한 계절

눈알에 모래가 낀 듯
충혈된 두 눈에
손으로 비벼내고
만개한 벚꽃이
들어왔다.

꽃가루 알레르기인 듯
삼월 마지막 날에
코로나임에도
찬란한 계절이
찾아왔다.

봄놀이 가야겠다.

꽃구경이다.

말이라도

10분만 더 있다 가래서 좋아했다.
작업할 시간이 늦어질 것인데

10분만 더 있어 주래서 행복했다.
둘만의 시간도 부족할 터인데

半百裸心

코로나로 사회적 거리 두기라며
전해온 친구 모친 부음에도
쉬이 찾지 못하고 핑곗거리 하나 더하며
건강 생각으로 산을 오른다.

봄 앞서 꽃망울 하나둘 터뜨린 진달래가
앙상한 가지 위에서 고갯짓으로 구령을 더하고
가파른 산길을 두어 걸음 멈춰 설 때면
이른 해풍도 날숨만 재촉하고 있다.

동행한 선배 부부의 뼈있는 농들은
함께한 삼십 년 세월을 넘쳐서 흘러나오기에
커피 한잔으로 쉬어가는 고갯마루에
백척간두 촛불마냥 걱정스럽다.

오십 넘어 반백 지나는 길 위에서
응어리진 상처들이 앞뒤 분간 없이 터져 나올 때면
좁은 산길에서 맞닥뜨린 초보운전자처럼
신호등 없는 교차로인 양 머뭇거리고 있다.

살아온 날이 남은 그림자보다 길어 보이는 즘에
다름과 틀림이 자꾸만 헷갈리기만 하고
정리되지 않은 말들이 앞서기만 하는 것이
벌거벗은 마음은 하얗게 도망하고 있다.

애월(涯月)

4월 끝날.

남녘 섬마을 해안도로 위에는
여유와 행복을 찾는 가족 여행자들이
옷차림새 갖춰 세계대회를 방불케 하는데
예닐곱 여자아이의 신발은 현무암 위에 놓인다.

남녘 섬마을 해안도로 가에는
도미 찾는 시간 많은 미끼 없는 낚시꾼들이
구분 없는 바다와 하늘 위에 놓인 하얀 점들만
애월의 바위에서 위태하게 봄바람만 낚인다.

남녘 섬마을 해안도로에는
창과 춤이 있는 꽃을 닮고 싶은 여인들이
햇살 고운 바닷바람에 지친 몸 누이는
진보라색 엉겅퀴꽃에도 주름 미소가 번져온다.

남녘 섬마을 해안도로는
4월 끝날 오후 길게 누운 그림자들이
한라산 거센 바람도 애월 바위에 부딪혀서
햇살 따뜻한 여행자와 절로 잠들어 한다.

나는 아니지요?

마지막 유월절 만찬에
한 사람이 나를 팔리라.

퇴근하고 온 나에게
후배는 이렇고, 선배는 이렇대 하는데
용수철처럼 튀어나오는 말
나는 아니지

나를 팔자가 있을 것이다
가룟인 유다가 다시 물은 말
나는 아니지요?

나는 아닐 수 있다고
나만 아니면 된다고
뻔뻔하기가 이를 데 없는데

사순절 기간에도
삶으로 묻고 있는 말이라서
아리었다.

나는 아니지요.

| 에필로그 |

꿈 그리고 …

초등학교에 들어가기 전에는 대통령을 꿈꾸었던 것 같다. 아마도 친구네 흑백티브이에 자주 등장하던 작은 체구의 까만 선글라스를 쓴 그가 멋있어 보였던 것 같다. 기억의 한 조각으로 꿈에 대한 기억이 남아 있다. 육학년 때로 기억하는데, 파마머리인지 곱슬머리인지 호랑이처럼 엄했던 담임선생님에게 장래 희망으로 그려 준 내 꿈은 판사였다. 사법고시에 대한 동경이 있었는지, 가까운 지인 중에 억울한 송사를 당해 힘들어하는 분을 보았는지, 그때 본 것인지 나중에 본 것인지도 알 수 없는 판관 포청천 드라마 때문이었는지, 정확한 기억은 없지만, 학창 시절 내내 떼지 않았던 것 같다.

대학 진학 후에는 꿈에 대해 생각해보지 않았던 것 같다. 객지에서 시작한 대학 생활은 그리 넉넉하지도 여유롭지도 못했다. 삼포 세대, N포 세대는 아니지만, 그 시절에는 먹고 사는 문제가 가장 큰 발등의 불이었다. 과외 금지조치가 내려진 때라 몰래바이트가 중단되었을 때는 하루 끼니를 걱정해야 했다. 끼니를 걱정하면서도 소주와 막걸리에 민주와 자유를 안주 삼아 밤새 토론을 벌이곤 했다. 민주화 운동이 절정이었던 그 시절 우리는 개인의 꿈보다는 조국과 민족을 이야기했던 것 같다. 졸업을 앞두고 서울과 부산, 입사가 허락된 회사 중에서 청개구리 심정으로 어머니가 원한다는 이유로 부산의 한 회사에서 직장생활을 시작하였고, 그 당시 대부분의 사회 초년생이 꿈꾸는 결혼과 내 집 마련이 나의 가장 큰 꿈이 되었다.

장래 희망을 그림으로 그려 교실 뒤에 붙여 놓았던 초등학생 때 말고는 내 꿈이나 장래 희망을 말로 표현했던 적은 없었다. 신입사원 연수가 거의 끝나가던 1993년 그해 3월의 어느 날로 기억된다. 대학 선배였던 신입사원 연수 담당 대리님이 신입사원들에게 자신의 꿈이나 입사 포부를 적게 하였고 그것을 발표하라고 했다. 동기들 대부분은 자신의 취미나 특기에 대해 말했고, 꿈과 포부에 대해서는 회사에 꼭 필요한 사람이 되겠다고 했다. 그런 말이 식상하다고 생각했었는지, 조금 튀어 보고 싶었던 것인지, 정확한 기억은 없지만, 나는 "내 이름으로 된 책 한 권을 내고 싶다"라고 말했다. 그 순간 내가 한 말은 내 안에 깊이 각인되었다.

아들이 묻는다. 아빠의 꿈은 무엇이냐고? 엄마는 선생님이 되고 싶었고 꿈을 이루기 위해 열심히 살아 선생님이 되었으니 꿈을 이루었는데 아빠는 꿈을 위해 열심히 살지 않은 것이 아니냐고!

순간 말문이 막힌다. 그리고 변명한다. 일곱 살짜리 아들을 설득하고 있었다. 아빠도 열심히 살았고, 나름대로 꿈꾸었던 꿈을 이루었다고. 네가 원하는 것을 해 줄 수 있고, 학위도 땄으니, 성공한 것이라고, 동의할 것을 강요하기도 해보았다. 그런데도 아들의 질문은 내 머릿속을 떠나지 않았다. 내 꿈은 무엇이었을까?

이제는 인생 백 년이라고 한다. 인생의 반을 넘긴 나는 어떤 꿈을 꾸어야 하나? 인생을 세 단계로 나눠 초년 삼십 년은 잘 배우고, 중년 삼십 년은 자립하고, 말년은 사회에 봉사하며 살아야겠다는 생각이었다. 결혼하고 아이들을 키우면서 내 생각, 내 꿈보다는 두 딸과 아들이 먼저였다. 아이들의 꿈이 곧 내 꿈이라고 생각했다. 아들의 질문은 나에게 내준 숙제였다. 나의 꿈, 나만의 꿈은 무엇인가! 어린 왕자와 같은 순수를 꿈꾸었다. 아이들에게 부끄럽지 않은 아빠가 되고자 했다. 자기소개서에 한 줄 적어내는 장래 희망이 아니라 행복하게 되는 꿈을 꾼다. 나와 우리 가족만이 아닌 이웃과 사회를 향해 축복하는 꿈을 꾼다. 지금까지 갚음 중인 나눔이 조금 더 확장되기를 원하고, 받은 자들이 나와 같이 새롭게 꿈을 꿀 수 있었으면 좋겠다. 그리고 아들이 생각나게 해준 나의 꿈! 삼십여 년 동안 잊힌 채로 밀쳐두기만 했던 사회 초년생 시절에 공개적으로 발표하였던 내 꿈! 묵은 숙제를 이제 한 단락 마치고자 한다. 아들 녀석에게 당당해지고 싶다. 숲속 두 갈래 길에서 한참을 바라보았던 다른 그 길을 한 걸음 내디딘다. 보이는 저기까지 만이라도….

p.s.

가족 문집으로 생각하고 아빠의 글을 젊은 시선으로 읽어 준 딸 다영이와 수영이, 글의 주요 소재가 된 아들 도영이, 언제나 함께 손잡고 걸어가고픈 아내 김미인에게 하고 싶은 말은 사랑해! 또, 언제나 과분한 칭찬과 권면 가운데 따끔한 질책을 숨겨두신 김영희 형님과 부족할 뿐인 졸저가 이렇게 책으로 되어 나오기까지 수고해 준 하나뿐인 처제 김정미 박사와 유진북스 김희호 대표와 방수련 편집장에게 감사의 말을 전합니다.

2020년 흐린 봄빛 속
부산에서 정승준

흘러가는 시간의 기록에 대하여

정다영

5살 무렵, 할머니가 집에 혼자 계실 수 있을 만큼 정정하셨고 막내는 세상에 존재하지도 않았던 그때 가족이 일본 여행을 간 적이 있다. 지금이야 숙소든 코스든 가족의 입맛대로 정해서 갈 수 있겠지만, 30대 중반의 사회 초년생 부부에게 그런 자유여행은 사치였을 것이다. 스무 명 넘는 인원이 다 같이 가게 된 여행 일정은 빠르게 지나갔다. 솔직하게 말해서, 거의 20년이 지난 지금 돌이켜 봤자 정확히 뭘 했는지 단편적인 기억으로밖에 떠오르지 않는 여행이다. 하지만 가장 기억에 남는 가족여행을 고르라면 이때의 한 장면이 가장 먼저 떠오른다.

패키지여행의 마지막 날 가이드는 쇼핑하라고 자유시간을 줬다. 버스 앞에서 아버지는 지갑을 열었는데, 그에게 남은 돈은 300엔 남짓한(이 또한 기억이 정확하지는 않지만, 어쨌든 몇 개 안 되는 동전들) 푼돈뿐이었다. 어린 자식 둘은 여행 내내 졸랐던 인형을 사겠노라 벼르고 있었을 것이다. 아버지는 주저했다. 배우자를 한 번 보았을 테고, 어쩌면 안타까움과 미안함이 담긴 시선을 찰나에 교환했을지도 모른다. 별다른 말 없이 둘에게 각각 동전을 나누어 준 후의 아버지는 잠시 그 자리에 멈춰 있었기 때문에 다시 버스 근처로 돌아갔던 기억이 남아 있다.

아버지가 우는 모습을 본 건 그때가 처음이었다. 나는 확신할 수 있다. 이유를 추측하게 된 건 그보다 더 자랐을 때였지만, 한없이 커 보였던 그 손으로 눈가를 훔치던 아버지의 모습은 뇌리에 박혀 틈만 나면 재생되곤 했기 때문에 잊으려야 잊을 수가 없었다. 그래서 몇 년 전 나는 "살면서 아빠가 우는 걸 두 번 봤어"라고. 오래 간직한 기억을 실토하게 된다.

"한 번은 할머니 돌아가셨을 때일 거고, 다른 하나는?" 아버지가 되물었을 때 나는 해묵은 일본 여행의 기억을 집어 들고 그 앞에 펼쳐 보였지만, 아버지의 대답은 이러했다. "나 그때 안 울었는데." 얼마나 기가 찬 대답인지. 내가 얼마나 오랜 시간 동안 그 장면을 보고 또 보아 왔는데, 정작 당사자는 … 나는 그가 부끄러웠기 때문이라고 생각했다. 모조리 까먹은 채 **뻔뻔한 얼굴**을 하고 있지 않은가. 그가 너무 당연하다는 듯 제 생각을 말했기에 나는 내 기억이 잘못된 것이 아닌가 고민해야 했다. 사실, 아직도 그렇다.

이 일화를 말하는 이유는 젊었던 아버지가 자식 줄 용돈이 없음에 슬퍼했을 것이라는 뻔한 감상을 적기 위해서가 아니다. 이야기가 길어졌지만, 결국 하고 싶은 말은 다른 부분이다. '기록해 두지 않으면 남는 것 없이 흘러간다.' 정도가 되겠다. 그러니까, 내가 그날 일기라도 써 두었다면 제 눈물을 부정하는 아버지에게 당당하게 들이밀기라도 했을 텐데.

사람의 삶은 그렇다. 역사적 사건은 누군가의 손을 빌려 기록이 되겠지만, 사회 전반적이라는 큰 틀에서 성취한 결과가 아닌 이상 개인의 삶이 기록되는 경우는 그리 많지 않을 것이다. 어쩌면 크게 필요하지 않다고 말할지도 모른다. 그도 그럴 것이, 딸이 아버지 우는 모습을 두 번 보았다는 사실을 궁금해할 사람은 없을 테니까.

하지만 내가 아버지에게 내 기억을 증명하지 못함을 안타까워하는 것처럼, 아버지에게도 언젠가 자신의 시간을 눈앞에 그린 듯 선명하게 떠올리며 알리고 싶어질 때가 있을 것이다. 스스로 떠올리며 추억하고 싶을 때도 마찬가지다. 형태가 일기가 아닌 시일 뿐, 아버지의 글은 그에게 그런 식으로 작용할 것이라 믿는다.

글의 내용 혹은 책의 완성도에 대해서 내가 얹을 말이 있을까. 책을 자기만족용으로 낸다는 아버지의 말은 근본적으로 당연하지 않은가. 그가 자신의 기록을 되짚으며 행복하기를, 그리고 그 장면 하나하나를 떠올리며 그저 만족하기를 바란다. 마냥 유쾌한 내용만이 담겨있는 것이 아닐지라도, 그 시간을 지나 여기까지 온 자기 자신을 마주 보고서 자식인 내가 당신을 보며 항상 생각하는 것처럼 '이 정도면 정말 멋진 사람이다! 잘 살았다!' 말할 수 있었으면 좋겠다.

기록하는 아버지를 사랑하고 존경하는 다영.

이어지기를 그리고 달콤하기를

정수영

아침 일찍 출근해 저녁을 생각해야 할 즈음 집으로 돌아온다. 휴일에는 둘째를 낳은 후 십 년 만에 얻은 막내와 놀아 주기 바쁘다. 저녁에는 배드민턴을 치러 나서고, 일요일에는 교회에 간다. 회사에 다니는 틈틈이 박사 논문을 쓰거나 강의를 나간다. 내가 어렸을 때부터 지금까지, 내 눈에 아버지는 절대 지치지 않는 사람 같았고 지금도 그 인상은 유효하다. 나는 중학교 때 고등학교 진학을 위해 공부를 하면서도, 고등학생이 되어 수능을 위해 기숙 생활을 하면서도, 대학생이 되어 비교적 여유로워진 하루를 보내면서도 아버지를 보며 생각을 했다. 어떻게 저렇게 틈 없이 살지? 나는 부모가 모든 것을 원조하는 환경에서 공부 몇 시간 하면서도 힘들어 죽겠다 징징댔는데 말이다.

그랬던 아버지가 '시를 쓴다' 혹은 '시를 쓰고 싶다'라고 내게 말했던 것은 꽤 오래된 일로, 그때의 나는 어린 왕자에 자신을 빗대며 당신의 꿈을 말하던 아버지의 농조 섞인 목소리를 아주 대

수롭지 않게 넘겼었다. 그때의 내게 시는 교과서나 문제집 한쪽을 떡하니 차지하고 있었던 존재로, 행 하나하나에 밑줄을 치며 오랜 기출의 역사로 정형화된 비유의 속내를 암기하게 만드는 지긋지긋한 상대일 뿐이었다. 다시 말해 국어 100점을 받아들기 위해 극복해야 할 난관 그 이상도 이하도 아니었다는 의미다. 나는 어릴 적 어머니가 바쁜 일과를 마치고 침대 맡에 앉아 오로지 두 딸을 위해 읽어 주던 동화책의 내용을 기억하고, 중학교 도서관 벽에 붙은 우수 독서왕 명단 최상단에 이름을 올리기 위해 매일같이 도서관을 찾던 내 모습을 기억하고, 추리 소설에 푹 빠져 그날까지 완료하기로 계획한 모의고사 기출문제를 뒤로했던 17살의 열람실을 기억하지만, 시만은 내가 애착을 가졌던 활자의 범주에 들어가지 않았다. 따라서 그것을 배움의 대상이 아닌 감상의 객체로 여기는 것은 더없이 낯선 일이었다. 어린 마음에 문제를 풀며 나는 평생 이런 의미 없는 단어의 나열에서 어떤 매력도 찾을 수 없을 거라며 친구와 불평했던 일을 기억한다. 따라서 아버지의 말은 다소 실없이 느껴졌다. 비단 나의 미흡한 인식 때문이 아니더라도 누가 요즘 시대에 시를 읽으며, 누가 함축된 문장에서 의미를 찾아내는 일을 즐기겠는가.

그런 생각에 내 반응은 당연하게도 미지근했고 이후 오랫동안 나는 그 대화를 잊고 지냈다. 나이가 조금 더 들어 감당하기 힘들었던 수험 생활이 끝나고 대학생이 되었을 때, 나는 한 달에 두 권의 책을 읽겠다는 계획을 세웠다. 물론 그것이 아주 굳세게 지켜지지는 않았지만, 핵심은 생활기록부가 아닌 나 자신을 위해 글을 읽을 여유가 생겼다는 점이다. 시에 대한 내 인식이 다소 변화한 것은 이때였다. 새로 산 다이어리 한 귀퉁이에 나지막이 적힌 예쁜 구절의 전문을 찾아본 것이 아마도 시작이었을 테다. 더러는 재미가 없었고 더러는 시 자체보다 시를 감상하는 고상한 나에 취했으나 거들떠보지도 않았던 때에 비하면 괄목할 변화다. 내가 책을 읽을 때 가장 많이 하는 생각은 '어떻게 이런 표현이!'인데, 어떤 현상이나 사물을 보고 느낀 바를 타인에게 문자라는 매체를 통해 전달하는 것이 아주 힘든 일임을 그 시기를 통해 알았기 때문이다. 하물며 사진으로 찍어도 모두가 똑같이 받아들이지 않는데 감정을 이해시키는 것은 얼마나 세밀하고 정교한 작업일지 상상하기 힘들다. 내가 남에게 떠오른 무언가를 묘사하고 납득시킬 때 종종 적확한 표현을 찾기 힘들다는 느낌을 받을수록 그런 생각은 더욱 자주 나를 찾아왔다. '어떻게 이런 표현을 하지?' 몇 가지 단어만으로도 발화자가 의도했을 광경이 머릿속에 붓으로 그린 듯 떠오를 때마다 그런 생각을 한다. '어떻게 이런 표현이!'

그리고 시에서 그런 놀라움이 극대화된다. 어떤 시든 읽을 때마다 그렇다는 것은 아니다. 여전히 나는 이해하지 못하고, 작가가 무엇을 의도했는지 눈치채지 못하고, 혹은 눈치채더라도 그 감상은 내게 어떤 감동도 불러일으키지 못하곤 한다. 하지만 적어도, 나를 스무 해가 넘게 양육한 아버지의 시선을 진지하게 엿

볼 수 있었다. 문장에는 그 사람이 세상을 어떻게 바라보고 느끼는지가 드러나기 때문에, 종이에 인쇄되어 잘 엮인 시들을 읽으며 조금은 놀랍고 아주 새로웠다. 아버지가 자식들에 관해 쓴 시들이 특히 그렇다. 신기했다. 매일 동일한 일상을 사는 것 같은 아버지가 그 일상을 보며 동일하지 않은 생각들을 하고 있다는 것이 새삼스러웠다. 나는 내 생각을 종종 부모에게 감추어 왔기에, 내 일기를 읽는 아버지의 모습을 연상하자 궁금증이 일기도 했다. 아빠, 아빠는 아빠의 시를 딸에게 보이는 것이 수줍거나 부끄럽지 않으세요?

물론 이렇게 책으로 엮어낼 생각을 하며 함께 실을 글을 써 달라고 부탁하는 것을 보면, 아버지는 그렇지 않은 모양이다. 나는 만약 내가 일상에서 메모해 둔 잡다한 감상이 가득한 휴대폰 메모장을 공개해야 한다면 부끄러움에 죽어 버릴지도 모른다. 하지만 동시에, 그런 조각들을 그러모아 시집이라는 이름으로 남기는 작업이, 그리고 그것을 읽은 누군가와 감상을 공유할 기회가, 무척이나 행복할 것이라는 생각 또한 든다. 그래서 오랫동안 한 글자 한 글자 써온 시를 엮어내는 아버지의 모습은 조금 부럽기까지 하다. 많은 이들이 대화에서 구하고 만남에서 찾듯, 나와 같은 감상을 느끼지 못했을 타인이 내 글을 읽고 그 감상을 공유하는 것이 창작자에게 얼마나 큰 만족감으로 작용할까? 이것이 내가 항상 메마른 감성의 직장인이라고 생각했던 아버지의, 다소 의외일 정도로 감성적인 취미를 지켜보며 응원하는 이유일 것이다. 부디 아버지가 오랫동안 꿨던 꿈이 계속하여 이어지기를, 그리고 달콤하기를 바란다.

영원한 어린 왕자

김영희

주일(휴일) 낮.
많이 좋아하고 늘 배움을 주는 정 박사가 전화를 주었다.
긴장하며 받았더니 이번에 첫 개인 시집을 내려고 한단다.

한편으로는 아이코! 싶고, 또 한편으로는 역시나 ….
학창 시절부터 줄곧 글을 써왔다는 것은 알고 있고, 은퇴 후에는 시골로 가서 본격적으로 글을 써보고 싶다고 했지. 종종 책을 내는 것이 꿈이라고, 최근에는 여럿이 어울려 책을 내고 싶다고 했지만 이렇게 빨리? 하지만 평소 한 번 계획한 것이나 말한 것에 대해 힘써 지키는 것을 보면서 언제가 꼭 책을 펴내겠구나 예상했다.

이제는 정 박사를 정 시인이라고 불러야겠다.

정 시인은 마음이 따뜻한 사람이다.
그는 전무이사를 맡고 있는 직장, 강의를 나가는 대학교, 중요

한 직분을 맡은 교회 등 수많은 사회활동으로 다양한 사람을 만나는데, 한결같이 따뜻한 마음으로 대하니 누구나 좋아한다.

나는 그의 따뜻함이 가족 사랑에서 기인한다고 생각한다. 총각 때부터, 결혼하고 돌아가실 때까지 모셨던 어머님, 미인 아내, 딸 바보 소리 듣게 하는 다 큰 두 딸, 든든한(?) 늦둥이 아들, 형제들, 고모에 처가 식구들까지. 그들은 늘 그의 글의 재원이고, 삶의 이유요, 원동력이다.

정 시인은 생각하는 사람이다.
그는 일상에서 부딪히는 평범한 사건과 사물을 하나도 허투루 보지 않고, 아하! 감탄하게 하는 비범한 글로 길어낸다.

정 시인은 균형 잡힌 사람이다.
늘 어린 왕자를 이야기하지만, 결코 꿈만 말하지 않는다. 주관과 객관, 이상과 현실, 진보와 보수의 양면뿐 아니라, 그 틈새를 바라보며 말과 글, 행동으로 균형 잡힌 모습을 보여 준다.

정 시인은 무엇보다 참 그리스도인이다.
그의 시에서 직접적인 표현은 자제하고 있지만 그의 글, 그의 말, 그의 행동에서 그리스도께서 말한 사랑의 향기가 은근히 배어난다.

정 박사의 첫 시집 발간을 마음 다해 축하하며, 이 첫걸음을 시작으로 그가 꿈을 꾸는 대로 제2, 제3의 작품들이 계속해서 발간되기를 기대하며 기도한다.

또 하나의 질문

1쇄 인쇄 2020년 5월 6일
1쇄 발행 2020년 5월 7일

지은이 | 정승준
펴낸이 | 김희호
펴낸곳 | 유진북스 U-JIN BOOKS
기　획 | 방수련, 임은희
디자인 | 방지영, 김보경, 하영순
등　록 | 제 2002-000001호(2002년 3월 8일)
　　　　■ 주소_ 48956 부산광역시 중구 광복로97번길 18, 605호
　　　　■ 문의_ 051-257-1595~6
　　　　■ E-mail_ ujinbooks@naver.com

ISBN 978-89-93957-67-9 03810
Copyright (c) 2020 by U-JIN BOOKS

** 이 책자의 판권은 지은이와 유진북스에 있습니다. 저작권법에 보호를 받는 저작물이므로 양측의 동의 없이 책 내용의 전부 혹은 일부분의 무단 전재 및 무단 복제를 금합니다.

이 도서의 국립중앙도서관 출판시도서목록(CIP)은 서지정보유통지원시스템 홈페이지 (http://seoji.nl.go.kr)와 국가자료공동목록시스템(http://www.nl.go.kr/kolisnet) 에서 이용하실 수 있습니다.(CIP제어번호 : CIP2020016266)